MW00874342

moon
JOURNAL

Made in the USA
Middletown, DE
29 September 2021

49308535R00064